ORDONNANCE

DE

LOUIS XIV.

ROY DE FRANCE

ET DE NAVARRE.

POUR servir de Reglement sur plusieurs Droits de ses Fermes, & sur tous en general.

Donnée à Versailles le 22 jour de Juillet 1681.

Regiftrée en la Cour des Aydes le 21. jour d'Aouft 1681.

A PARIS,

Chez la Veuve SAUGRAIN & PIERRE PRAULT, Imprimeur des Fermes du Roy, Quay de Gévres au Paradis.

M D CCXXVII.

AVEC PRIVILEGE DV ROY.

PRIVILEGE DU ROY.

LOUIS, par la grace de Dieu, Roy de France & de Navarre : A nos amés & feaux Conseillers, les Gens tenans nos Cours de Parlement, Maiftres des Requeftes ordinaires de notreHoftel, Grand Conseil, Prevoft de Paris, Baillifs, Sénéchaux, leurs Lieutenans Civils, & autres nos Jufticiers qu'il appartiendra, SALUT. Notre bien amé PIERRE PRAULT, Libraire à Paris, Nous ayant fait remontrer qu'il fouhaiteroit faire imprimer & donner au Public *Un Recüeil des Edits, Declarations, Ordonnances, Lettres Patentes, Arrefts, Reglemens, Tarifs, Baux, Déliberations, Inftructions, Traités, Commentaires, Exercices, & Procès verbaux concernant les Droits d'Aydes, Gabelles, Traittes, Domaines, Droits y joints, & autres rétablis & qui fe perçoivent au profit du Roy ; avec les Tables Chronologiques, & le Memorial alphabetique de chacune matiere,* s'il nous plaifoit lui accorder nos Lettres de Privilege fur ce neceffaires. A CES CAUSES, voulant traiter favorablement ledit Expofant, Nous lui avons permis & permettons par ces Prefentes, de faire imprimer ledit Recüeil ci-deffus expofé, en tels volumes, formes, marges, caracteres, conjointement ou feparément, autant de fois que bon lui femblera ; & de le vendre, faire vendre & debiter par-tout notre Royaume pendant le tems de *dix* années confecutives, à compter du jour de la datte defdites Prefentes. Faifons défenfes à toutes fortes de Perfonnes, de quelque qualité & conditions qu'elles foient, d'en introduire d'impreffion étrangere dans aucun lieu de notre obéïffance ; comme auffi à tous Libraires, Imprimeurs & autres, d'imprimer, faire imprimer, vendre, faire vendre, debiter ni contrefaire ledit Livre en tout ni en partie, ni d'en faire aucuns Extraits, fous quelque prétexte que ce foit, d'augmentation, correction, changement de Titre ou autrement, fans la permiffion expreffe & par écrit dudit Expofant, ou de ceux qui auront droit de lui ; à peine de confifcation des Exemplaires contrefaits, de quinze cens livres d'amende contre chacun des contrevenans, dont un tiers à Nous, un tiers à l'Hoftel-Dieu de Paris, & l'autre tiers audit Expofant, & de tous dépens, dommages & interefts : à la charge que ces Prefentes feront enregiftrées tout au long fur le Regiftre de la Communauté des Libraires & Imptimeurs de Paris, & ce, dans trois mois de la datte d'icelles ; Que l'impreffion de ce Livre fera faite dans notre Royaume & non ailleurs, en bon papier & beaux caracteres, conformément aux Reglemens de la Librairie ; & qu'avant que de l'expofer en vente, leManufcrit ou Impriméqui aura fervi de copie à l'impreffion dudit Livre, fera mis dans le même état où l'Approbation y aura efté donnée, ès mains de notre cher & feal Chevalier

Garde des Sceaux de France, le Sieur FLEURIAU D'ARMENONVILLE; Et qu'il en sera ensuite remis deux Exemplaires dans notre Bibliotheque Publique, un dans celle de notre Château du Louvre, & un dans celle de notre très-cher & feal Chevalier Garde des Sceaux de France, le Sieur FLEURIAU D'ARMENONVILLE, le tout à peine de nullité des Presentes; Du contenu desquelles, vous mandons & enjoignons de faire joüir l'Exposant ou ses ayans cause pleinement & paisiblement, sans souffrir qu'il leur soit fait aucun trouble ou empêchement. Voulons que la copie desdites Presentes, qui sera imprimée tout au long au commencement ou à la fin dudit Livre, soit tenuë pour dûëment signifiée; & qu'aux Copies collationnées par l'un de nos amés & feaux Conseillers-Secretaires, foi soit ajoûtée comme à l'Original. Commandons au premier notre Huissier ou Sergent, de faire pour l'execution d'icelles, tous Actes requis & necessaires, sans demander autre permission, & nonobstant clameur de Haro, Charte Normande, & Lettres à ce contraires : CAR tel est notre plaisir. DONNE' à Paris le huitiéme jour du mois d'Avril, l'an de grace mil sept cens vingt-trois, & de notre Regne le huitiéme. Par le Roy en son Conseil.

Signé, CARPOT.

Registré sur le Registre V. de la Communauté des Libraires & Imprimeurs de Paris, Page 73. N° 549. conformément aux Reglemens, & notamment à l'Arrest du Conseil du 13 Aoust 1703. A Paris le dix-neuf Juin mil sept cens vingt-trois.

Signé, BALLARD, Syndic.

ORDONNANCE

ORDONNANCE
DE LOUIS XIV.

SVR PLUSIEVRS DROITS DE SES FERMES
& fur tous en general.

OUIS par la grace de Dieu, Roy de France & de Navarre : A tous prefens & à venir, SALUT. Nos Reglemens des mois de May & de Juin 1680. pour la regie & levée de nos droits de Gabelles & d'Aydes, & autres qui en dépendent, ont produit un foulagement affès confiderable à nos Sujets, en faifant ceffer les vexations que la diverfité des Reglemens & l'incertitude des maximes qui devoient être obfervées, avoient donné lieu d'exercer par le paffé contre les redevables, pour nous obliger de continuer ce travail, & d'établir par de nouveaux Reglemens, des maximes certaines, non feulement pour la perception de chacun de nos droits en particulier ; mais même pour ce qui regarde en general & également tous les

A

droits de nos Fermes, & la forme qui doit être obfer-
vée pour en faire les publications, recevoir les encheres,
& proceder à leur adjudication. Et après avoir fait exa-
miner les Ordonnance & Reglemens fur cette matiere,
nous avons fait rediger les Articles que nous voulons
être obfervés à l'avenir. A CES CAUSES, de l'avis de
notre Confeil, & de notre certaine fcience, pleine puif-
fance & autorité Royale, Nous avons dit, declaré &
ordonné, difons, déclarons & ordonnons, voulons &
nous plaît ce qui enfuit.

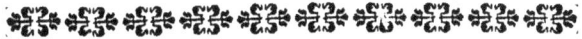

DU COMMERCE DU TABAC
dans le Royaume.

ARTICLE PREMIER.

DEffendons à toutes perfonnes autres que le Fermier de nos droits, fes Procureurs, Commis &
Prépofés, de faire commerce, vente & debit dans notre
Royaume, en gros & en détail, d'aucun Tabac en corde
& en poudre, filé, roulé, parfumé, mâtiné, ou autre
de quelque qualité qu'il foit, tant du Brefil, Cofte faint
Dominique, Malthe, Pontgibon & autres Païs Etrangers,
que du crû de notre Royaume, & des Ifles Françoifes de
l'Amerique.

ARTICLE II.

Le Tabac en corde qui fera vendu en gros & en détail dans les Magafins, fera marqué d'un plomb; & le
Tabac en poudre fera mis en des facs qui feront cachetés.

ARTICLE III.

L'empreinte ou figure, tant du plomb que des cachets, sera dépofée aux Greffes des Elections, & ailleurs en ceux des Jurifdictions qui feront par nous établies dans les Lieux où feront les Bureaux, pour y avoir recours.

ARTICLE IV.

Défendons à ceux qui feront prépofés à la vente dans nos Magafins, d'en vendre aucun, qu'il ne foit marqué & cacheté comme ci-deffus, à peine de punition corporelle.

ARTICLE V.

Le Tabac en corde du Brefil, & autres Païs Etrangers, fera vendu dans les Magafins à raifon de quarante fols la livre, & ne pourra être revendu par les particuliers qui en auront la permiffion du Fermier de nos droits, plus de cinquante fols ; Et quant à celui du crû de notre Royaume & des Ifles Françoifes de l'Amerique, la vente s'en fera dans les Magafins à raifon de vingt fols la livre, & la revente au plus à raifon de vingt-cinq fols.

ARTICLE VI.

Le Tabac mâtiné même du crû de notre Royaume, fera vendu & revendu le même prix que celui du Brefil.

ARTICLE VII.

Le Tabac en poudre fera vendu ; fçavoir, le commun à raifon de dix fols l'once, le moyen parfumé vingt fols, & celui de Malthe, Pontgibon, autres Païs Etrangers, trente-cinq fols, foit qu'il foit vendu dans nos Magafins, ou revendu par les Particuliers.

ARTICLE VIII.

Défendons au Fermier de nos droits, fes Procureurs, Commis, ou prépofés, de le vendre ou revendre à plus haut prix que celui porté par les Articles precedens, à peine de concuffion.

ARTICLE IX.

Défendons auffi à toutes perfonnes de vendre & diftribuer du Tabac, tant en corde qu'en poudre, encore qu'il foit marqué ou cacheté de la marque du Fermier de nos Droits, finon de fon ordre & pouvoir par écrit, ou de fes Procureurs & Commis; à peine de confifcation, & de trois cens livres d'amende pour la premiere fois, & de mille livres en cas de recidive; & à cet effet, permettons aux Commis de faire toutes les vifites neceffaires, & de dreffer leurs Procès Verbaux des contraventions, aufquels foi fera ajoûtée comme pour nos droits des autres Fermes.

ARTICLE X.

Faifons pareilles défenfes à tous Marchands François & Etrangers, de faire entrer par terre aucun Tabac dans notre Royaume, & par mer, ailleurs que par les Ports de Marfeille, Bordeaux, la Rochelle, Nantes, S. Malo, Morlais, Roüen & Dieppe, le tout à peine de confifcation, & de mille livres d'amende.

ARTICLE XI.

Enjoignons aux Maiftres des Navires, Barques & autres Vaiffeaux, de declarer au Bureau dans les vingt-quatre heures de leur arrivée, la quantité & la qualité du Tabac dont ils font chargés, leur défendons de le décharger avant qu'ils ayent fait leur declaration, à peine de confifcation de ce qui aura été déchargé, & & de pareille amende.

Article XII.

Ne pourra le Tabac être vendu à autres qu'au Fermier de nos droits, fes Procureurs & Commis, pour être confommé dans notre Royaume, & s'ils ne conviennent du prix, permettons aux Marchands de le rembarquer, ou d'en difpofer par vente ou autrement, au profit de nos Sujets ou Etrangers, pour être inceffamment tranfporté hors notre Royaume : Voulons, en cas de fejour, qu'il foit dépofé cependant à leurs frais, dans nos magafins & non ailleurs, fur pareilles peines.

Article XIII.

Défendons à toutes perfonnes de fabriquer, filer, mâtiner & mettre en poudre aucun Tabac étranger, à peine de cinq cens livres d'amende, & de confifcation tant du Tabac que des inftrumens & Moulins qui y auront fervi, defquels Moulins nous interdifons l'ufage fur pareilles peines à tous autres qu'à ceux qui feront prépofés par le Fermier de nos Droits.

Article XIV.

Défendons auffi à tous nos Sujets d'enfemencer leurs terres de Tabac, à peine de confifcation de celui qui y croîtra, & de mille livres d'amende.

Article XV.

N'entendons néanmoins comprendre dans nos défenfes, les Habitans de Mondragon, des deux Tonneins, Clerac, Efguillon, Damafan, Montheurs, Peuch, Gonteau, Villeton, le Mas d'Agenois, la Gruere, Boufeau, Favillet, Grateloup, la Parrade, la Fitte, Caumont, Verteuil, Mauzac, Villeneuve la Garde, Villemade, S. Porquier, les Catallans, Montefche, Caftelfarazin, faint Maixant, Lery, Lefdamps, Vaudreüil & Mets, aufquels nous permettons la culture du Tabac en la maniere accoutumée.

Article XVI.

Seront tenus les Habitans des lieux mentionnés en l'article precedent, de declarer tous les ans pardevant les Juges des lieux, Greffiers, Notaires, Curés ou autres perfonnes publiques, la fituation & la quantité des terres qu'ils entendent enfemencer de Tabac, & de remettre leurs declarations en bonne forme au Commis du plus prochain Bureau un mois au plus tard, après que les terres auront été enfemencées, à peine de confifcation du Tabac qui y croîtra, & de cinq cens livres d'amende.

Article XVII.

Leur défendons & à tous autres de mâtiner & mettre en poudre aucun Tabac du crû de notre Royaume, fur les peines portées par l'Article XI. pour le Tabac étranger ; leur permettons néanmoins de le fabriquer filer, & mettre en rolle, en vertu d'un congé par écrit du Commis du plus prochain Bureau, & non autrement, fur pareilles peines.

Article XVIII.

Leur enjoignons de faire leur declaration comme deffus, de tout le Tabac qu'ils auront fabriqué, filé &

mis en rolle , & de la remettre inceſſamment au Commis du plus prochain Bureau , dont ils retireront un certificat , qui leur ſera délivré gratis ; leur défendons de
s'en deſſaiſir auparavant , ni de le tranſporter d'un lieu
à l'autre , à peine de confiſcation , & de cinq cens livres d'amende.

A R T I C L E X I X.

Leur permettons de vendre le Tabac de leur crû à
qui bon leur ſemblera , pour être toutefois tranſporté
inceſſamment hors notre Royaume ; & en cas de ſéjour,
voulons qu'il ſoit dépoſé dans nos Magaſins , & non
ailleurs , ſur les peines portées par l'Article X. à l'égard
du Tabac étranger.

A R T I C L E X X.

Défendons à ceux qui l'auront acheté , d equelque
qualité & nation qu'ils ſoient , de l'enlever qu'en vertu des congés qui ſeront delivrés gratis par les Commis du plus prochain Bureau , & après qu'ils auront
declaré la quantité & la qualité du Tabac , le lieu de ſa
deſtination , & celui par lequel ils entendent le faire
ſortir de notre Royaume , & qu'ils auront donné caution reſſeante & ſolvable de rapporter dans le tems qui
ſera convenu , un certificat en bonne forme du déchar-
gement , ou d'en payer la juſte valeur au Fermier de
nos Droits , le tout à peine de confiſcation , & de cinq
cens livres d'amende.

A R T I C L E X X I.

Pourra le Fermier de nos Droits retenir la quantité
qu'il croira neceſſaire pour le fourniſſement de nos
Magaſins , pour le même prix qui aura été convenu

avec les acheteurs, en les rembourfant, pourvû & non autrement qu'il ait fait fa declaration par écrit, avant qu'il ait délivré fes congés pour l'enlevement.

ARTICLE XXII.

Les Tabacs du crû de notre Royaume, qui feront trouvés en entrepôt hors le lieu du crû, ou voiturés fans congés, feront confifqués, & les contrevenans condamnés en cinq cens livres d'amende.

ARTICLE XXIII.

Défendons à toutes perfonnes de les faire fortir de notre Royaume, ailleurs que par les Ports de Marfeille, Toulon, Agde, Cette, Narbonne, Bordeaux, les Sables d'Olonne, la Rochelle, Nantes, Morlais, faint Malo, Roüen, Dieppe & faint Vallery, fur pareille peine de confifcation & de trois mille livres d'amende.

ARTICLE XXIV.

Voulons que ceux qui auront contrefait les marques & les cachets du Tabac, dont l'empreinte aura été mife aux Greffes des lieux, ou qui leur auront aidé à en faire le debit, foient condamnés pour la premiere fois à l'amende de mille livres, à faire amende honorable à la porte de la principale Eglife, & de la Jurifdiction, & aux Galeres pour cinq ans; & en cas de recidive, aux Galeres à perpetuité.

ARTICLE XXV.

Voulons auffi que ceux qui feront convaincus d'avoir tranfporté des Tabacs en fraude, étant attroupés avec armes, foient condamnés aux peines portées par l'Article precedent.

XXVI.

Article XXVI.

Permettons au Fermier de nos Droits , fes Procureurs & Commis , de faire arrêter en vertu des Prefentes , les gens vagabonds & fans aveu qu'ils trouveront
faifis de Tabac en fraude , lefquels ne pourront être
élargis qu'en connoiffance de caufe ; Et fi la fraude eft
prouvée , voulons que la confifcation , en cas d'infuffi-
fance de payer l'amende , qu'elle foit convertie en la
peine du carcan , pour la premiere fois , celle du foüet
pour la feconde , & en cas de recidive , aux Galeres pour
cinq ans.

Article XXVII.

Défendons à tous nos Sujets de retirer dans leurs
maifons les Porteurs & Voituriers de Tabac en fraude ,
ni de fouffrir que les Tabacs y foient entrepofés , à
peine de complicité.

Article XXVIII.

Défendons auffi à tous Soldats & autres étant dans
les Garnifons fur les Vaiffeaux & les Galeres , & à ceux
qui nous y fervent volontairement , ou par force , de
vendre , ni debiter aucun Tabac en corde , ou en poudre , à peine de punition corporelle s'il y échet , & de
trois cens livres d'amende , au payement de laquelle les
Officiers , Committes , Sous-Commites , & Algoufins
qui l'auront fouffert , feront contraints par faifie de leur
folde & appointemens entre les mains des Receveurs &
Payeurs.

Article XXIX.

Ceux qui feront furpris en vendant ou expofant en

vente aucun T bac en corde ou en poudre, non marqué ni cacheté comme deſſus, feront, outre la confiſcation, condamnés, ſçavoir à l'égard du Tabac en corde, tant étranger que du crû de notre Royaume, en
trente livres d'amende pour chacune livre de Tabac depuis une juſqu'à dix ; en cinq cens livres d'amende depuis dix juſqu'à cinquante ; & en mille livres d'amende, au-deſſus de cinquante livres de Tabac, le tout pour
la premiere fois ; en deux mille livres d'amende, & un
banniſſement de trois ans pour la ſeconde fois ; & en cas
de plus ample recidive, au carcan & au banniſſement
à perpetuité. Et à l'égard du Tabac en poudre, en dix
livres d'amende pour chacune once depuis une once juſqu'à une livre ; en trois cens livres d'amende depuis
une livre juſqu'à dix ; & en cinq cens livres d'amende
au-deſſus de dix livres de Tabac ; le tout pour la premiere fois, & en cas de recidive, aux peines portées
pour le Tabac en corde.

Article XXX.

Les conteſtations feront jugées en premiere inſtance
par nos Officiers des Elections où ils font établis, &
ailleurs par nos autres Officiers que nous commettrons;
& en cas d'appel par nos Cours des Aydes.

DES DROITS DE MARQUE
sur l'or & l'argent.

ARTICLE PREMIER.

NOs Droits de marque sur l'or & l'argent qui seront fabriqués & mis en œuvre par les Orfévres, Batteurs & Tireurs d'or, Fourbisseurs, Horlogers, & autres Ouvriers en or & argent, seront levés dans tout notre Royaume, à raison de trois livres pour chacune once d'or, & de quarante sols par chacun marc d'argent, & pour les ouvrages d'un moindre poids à proportion.

ARTICLE II.

Seront payés pour les Ouvrages de vermeil doré, pareils Droits que pour l'argent.

ARTICLE III.

Le payement de nos Droits sera fait par les Orfévres, lorsque les Jurés & Gardes marqueront les Ouvrages de leur poinçon, après l'essay dans leur Bureau commun ; & à cet effet permettons au Fermier de nos Droits d'y établir un Commis, qui contremarquera les mêmes Ouvrages d'un poinçon, portant la marque d'une fleur-de-lys, avec la lettre de la Monnoye au-dessous, different de celui des Jurés & Gardes.

ARTICLE IV.

Défendons aux Jurés & Gardes de faire les essais, &

d'appliquer leur poinçon fur aucun Ouvrage , qu'en préfence du Fermier de nos droits , fes Procureurs & Commis , à peine de tous dépens, dommages & interêts , & de cinq cens livres d'amende pour chacune contravention.

Article V.

Permettons au Fermier de nos Droits de marquer d'un poinçon autre que celui portant l'empreinte de fleur-de-lys , les Ouvrages qui ne feront pas finis & achevés , dont les droits ne peuvent être payés fur le champ, à la charge que les Orfévres feront leurs foumiffions fur le Regiftre qui fera tenu à cet effet par le Commis, de rapporter les mêmes Ouvrages quand ils feront achevés , & d'en payer les droits, lors duquel payement le Fermier de nos droits ou fon Commis appliquera fur les Ouvrages fon poinçon de fleur-de-lys , & feront les foumiffions dechargées.

Article VI.

Ce que nous avons ordonné à l'égard des Orfévres dans les Villes de notre Royaume où il y a Jurande, fera executé par les autres Ouvriers en or & argent en nos Hoftels des Monnoyes.

Article VII.

Les mêmes Ouvrages d'or & d'argent , qui ne pourront fouffrir la marque du poinçon, feront cachetés par le Fermier de nos droits , ou fes Commis , d'un cachet fur lequel fera empreint une fleur de lys.

Article VIII.

Les empreintes des poinçons & cachets feront infculpées ſur une table de cuivre qui ſera miſe au Greffe de notre Cour des Monnoyes de Paris, & en l'Hôtel de la Monnoye de Lyon ; défendons à toutes perſonnes de les contrefaire à peine de trois mille livres d'amende pecuniaire, d'amende honorable aux portes de la principale Egliſe, & de la Juriſdiction, & des Galeres pour cinq ans ; & en cas de recidive des Galeres à perpetuité.

ARTICLE IX.

Sera le poinçon des Jurés & Gardes, dépoſé dans le Bureau commun, en un coffre fermant à pluſieurs ſerrures, de l'une deſquelles le Fermier de nos droits, ou ſon Commis aura la clef.

ARTICLE X.

Défendons à tous Orfevres, Joüailliers, Batteurs & Tireurs d'or, & autres Ouvriers en or & en argent, de vendre ni expoſer en vente aucuns Ouvrages, qu'ils n'ayent été marqués, ſelon leur qualité, du poinçon ou cachet du Fermier de nos droits, & que nos droits de marque n'ayent été payés ; le tout à peine de confiſcation & de cent livres d'amende pour chacune piece.

ARTICLE XI.

Permettons au Fermier de nos droits, ſes Procureurs & Commis, de faire les viſites chez les Orfévres, Joüailliers & autres Ouvriers travaillans & vendans Ouvrages de vaiſſelles d'or & d'argent, pourvû qu'ils ſoient aſſiſtés de l'un des Officiers de l'Election du lieu où la viſite ſe fera ; ce que nous voulons avoir lieu, même dans notre bonne Ville & Fauxbourgs de Paris.

·Article XII.

Voulons que dans les Villes de notre Royaume où il peut y avoir des Tireurs d'or & d'argent qui travaillent, il n'y ait qu'un seul lieu où les Forges & Argues soient établies par le Fermier de nos droits, dans lequel ses Commis en feront la perception.

Article XIII.

Lui permettons de prendre à son profit les Argues & outils qui s'y trouveront appartenans aux particuliers chez lesquels les Tireurs d'or & d'argent portent leurs Ouvrages, en leur remboursant le prix, suivant l'estimation.

Article XIV.

Seront tenus les Tireurs d'or & d'argent d'en porter les lingots aux Forges & Argues du Fermier de nos droits, pour y être forgés, tirés & dégrossis, en payant les façons au prix ordinaire, que nous défendons d'augmenter pour quelque cause & occasion que ce soit, à peine de concussion.

Article XV.

Défendons aux Tireurs d'or & d'argent d'en employer d'autres pour leurs Ouvrages, que celui qui aura été tiré, forgé, dégrossi dans les forges, & argues du Fermier de nos droits, à peine de confiscation des Lingots & Marchandises, & de trois mille livres d'amende, comme aussi d'avoir chez eux aucuns fourneaux ni creusets propres à fondre les lingots ni aucunes forges ni argues propres à les dégrossir, sur les mêmes peines.

ARTICLE XVI.

Enjoignons à tous Orfévres, Affineurs, Batteurs & Tireurs d'or & d'argent, & autres Ouvriers de même qualité, de se faire inscrire au Greffe des Monnoyes, & d'y déclarer le lieu & l'endroit où ils travaillent, à peine de cinq cens livres d'amende contre les contrevenans.

ARTICLE XVII.

Enjoignons au Fermier de nos droits de remettre incessamment après son Bail fini, entre les mains du nouveau Fermier, les poinçons & cachets servant à la marque de l'or & de l'argent, à peine de dix mille livres d'amende, qui sera encouruë en vertu des presentes, après la premiere sommation qui lui en aura été faite.

ARTICLE XVIII.

Les Marchands Merciers Joüailliers seront tenus de déclarer au Bureau du Fermier de nos droits, les Ouvrages d'or & d'argent qu'ils feront venir des Païs Etrangers dans les vingt-quatre heures de leur arrivée, pour être marqués & nos droits de marque payés, à peine de confiscation, & de cent livres d'amende pour chacune piece.

ARTICLE XIX.

Les contestations seront jugées en premiere instance par nos Officiers des Elections où il y a des Elections, & ailleurs par nos autres Officiers qui seront par nous commis, & en cas d'appel par nos Cours des Aydes.

DE LA PREMIERE MOITIÉ
des Octrois & deniers communs.

ARTICLE PREMIER.

SERA levé à notre profit à perpetuité, la premiere moitié de tous les Octrois, Dons, Concessions, deniers communs, tant anciens que nouveaux, & autres Impositions qui se levent sur les Habitans des Villes, Bourgs & Communautés de notre Royaume, ainsi que nous en avons joüi jusques à present, dans lesquels n'entendons comprendre les deniers patrimoniaux.

ARTICLE II.

Les Dettes, Subsistances, Rentes & autres Charges tant generales que particulieres des Villes, Bourgs & Communautés seront prises sur l'autre moitié, la perception de laquelle les Maires, Echevins, Syndics, & leurs Procureurs pourront aussi continuer à perpetuité, encore que le tems porté par l'Octroy fût limité ou expiré : Voulons que nos presentes leur tiennent lieu de lettres de confirmation & continuation.

ARTICLE III.

Les Fermiers de la premiere moitié à nous appartenant seront preferés dans les lieux où le partage n'a point été fait, à tous autres, dans les Baux à faire de l'autre moitié, en se soûmettant aux mêmes charges & conditions; & à l'égard des Baux faits, ils pourront s'y faire subroger en indemnisant les Preneurs.

ARTICLE

ARTICLE IV.

En cas de contestation, la connoissance en appartiendra en premiere instance à nos Officiers des Elections dans les lieux où elles sont établies ; & ailleurs, à nos autres Officiers que nous commettrons, & par appel à nos Cours des Aydes.

ARTICLE V.

Voulons au surplus que les Octrois & deniers communs qui se levent, soit à l'entrée ou par la vente en gros ou en détail, soient perçûs & exercés à notre profit en la même maniere que nos autres Droits d'Entrée, de gros, & de détail de pareille qualité.

ARTICLE VI.

Défendons néanmoins de lever les Droits d'Octroi & des Villes sur les Biscuits, Vin, Bierre, Cidre, Huilles, Vinaigre, Chairs de Bœuf & de Porcs salés, Poisson salé, Bru, Ris, Féves ou Fajols, & autres denrées, boissons & liqueurs servant à l'avituaillement de nos Vaisseaux, & à ceux des Compagnies de Commerce, Gardecostes & Vaisseaux particuliers, armés en Guerre ou pour faire le Commerce.

C

❀❀❀❀❀❀❀❀❀❀

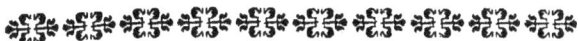

DES PARISIS, DOUZE ET SIX
deniers sur les Droits des Officiers des Cuirs.

ARTICLE PREMIER.

SERONT levés à notre profit les Parisis, douze & six deniers de tous les Droits attribués aux Offices de Contrôleurs, Visiteurs, Marqueurs, Prud'hommes, Vendeurs, Déchargeurs & Lotisseurs des Cuirs, dans tous les Lieux où les Officiers perçoivent lesdits Droits, encore que nos autres Droits d'Aydes n'y ayent point cours.

ARTICLE II.

Pourra le Fermier de nos Droits faire les Visites, Marques & Inventaires, dresser ses Procès Verbaux, & décerner des Contraintes, ainsi que pour nos autres Droits.

ARTICLE III.

Lui permettons d'avoir un marteau different de celui des Officiers, pour marquer les Cuirs ; & sera l'empreinte de sa marque mise au Greffe de l'Election des lieux où ses Bureaux seront établis, pour y avoir recours en cas de besoin.

ARTICLE IV.

Le tiers des confiscations & amendes qui seront adjugées aux Officiers pour la peine des contraventions & fraudes commises par les particuliers, appartiendra au

Fermier de nos Droits, encore qu'il ne fût point partie dans les procedures.

Article V.

Et quant à celles qui feront adjugées fur la demande originaire du Fermier de nos Droits, fans l'intervention des Officiers, elles lui appartiendront entierement: Voulons néanmoins que le tiers en foit adjugé aux Officiers, lorfque dans la fuite ils y feront reçûs parties intervenantes.

Article VI.

Les conteftations que le Fermier de nos Droits pourra avoir, tant avec les redevables qu'avec les Officiers, feront jugées en premiere inftance par nos Officiers des Elections, & en cas d'appel par nos Cours des Aydes.

DU TIERS RETRANCHE'
fur les Cendres, Soûtes & Gravelées.

Article Premier.

NOs Droits du tiers retranché de ceux attribués aux Officiers de Police de notre bonne Ville de Paris, fur les foûtes, cendres & gravelées, parifis, fol & fix deniers, feront payés à raifon de quarante fols pour balle de foûtes du poids de deux cens cinquante livres, cinquante fols pour tonne de cendres, & quatre livres dix fols pour muid de gravelées, à quoi nous les avons fixés.

ARTICLE II.

Declarons sujetes à nos Droits les Soûtes de quelque qualité qu'elles soient, noires & blanches, les Cendres de bois, blanches, grises & noires, & les Gravelées qui seront amenées en notre Ville, Fauxbourgs & Banlieuë de Paris, tant par eau que par terre, pour y être consommées, ou pour passer de bout, même celles qui sont façonnées en la Banlieuë dans les lieux destinés par la Police.

ARTICLE III.

Enjoignons à ceux qui les feront entrer, d'en faire à l'arrivée déclaration au Bureau, d'y representer les Lettres de Voiture en bonne forme, contenant la qualité & quantité, & de payer nos Droits avant l'enlevement; le tout à peine de confiscation, & de cent livres d'amende.

ARTICLE IV.

Défendons à toutes personnes de tenir des Magasins & Entrepôts de Soûtes, Cendres & Gravelées plus près que de trois lieuës de notre bonne Ville, Fauxbourgs & Banlieuë de Paris, à compter des extremités des Fauxbourgs; à peine de confiscation, & de cent livres d'amende.

ARTICLE V.

Les contestations seront jugées en premiere instance en l'Hôtel de notre bonne Ville de Paris, & par appel en notre Cour des Aydes de Paris.

ARTICLE VI.

Voulons au surplus que nos Reglemens pour nos autres droits d'entrée soient executés pour les Soutes,
Cendres, & Gravelées.

DES DROITS SUR L'ESTAIN.

ARTICLE PREMIER.

Nos droits sur l'Estain ouvré ou non ouvré, fin,
commun & sonnant, entrant dans notre Royaume par mer & par terre, seront payés à raison de deux
sols six deniers pour livre, poids de marc, outre & par-
dessus les anciens droits.

ARTICLE II.

Le payement de nos droits sera fait aux Bureaux
d'entrée en la même maniere que de nos anciens droits,
dont nous declarons les Reglemens communs.

ARTICLE III.

N'entendons comprendre aux articles précedens, notre Province de Bretagne, dans laquelle nos droits sur
l'Estain ne seront point levés à l'entrée.

ARTICLE IV.

Défendons de faire entrer l'Estain ouvré & non ouvré, qui sortira de notre Province de Bretagne, pour
être transporté dans les autres Provinces de notre Royaume, ailleurs que par le Bureau d'Ingrande seulement,
où nos droits d'entrée seront payés, à peine de confis-

cation & de trois mille livres d'amende.

ARTICLE V.

Et quant à l'Estain venant des autres pays , défendons sur pareilles peines de le faire entrer dans notre Royaume par terre, ailleurs que par Lyon , & par mer ailleurs que par les Ports de Marseille , Toulon , Cette , Agde , Narbonne , Bordeaux , la Rochelle , Roüen , Dieppe , saint Valery , & Calais ; déclarons les autres lieux & Ports obliques & faux passages.

ARTICLE VI.

Défendons aux Commis du Fermier de nos droits , d'acquitter aucun Estain entrant dans le Royaum par autres lieux que ceux marqués par nos Presentes ; leur enjoignons de le saisir & de le declarer au Fermier , à peine d'en répondre en leur propre & privé nom , de trois mille livres d'amende , & de tous dépens , dommages & interêts.

ARTICLE VII.

Seront les contestations jugées en premiere instance par les Juges des Traites , & en cas d'appel par nos Cours des Aydes.

DES DROITS DE SORTIE SUR LES VINS
transportés hors du Royaume par les Provinces
de Champagne, & Picardie.

ARTICLE PREMIER.

NOs droits de sortie, compris les trois livres pour muid de vin, & cent sols pour poinçon, jauge de Champagne, subvention par doublement & l'augmentation, que nous avons moderé à treize livres dix sols pour muid, mesure de Paris, & sur les autres vaisseaux à proportion, seront levés sur le vin qui sortira de nos Generalités d'Amiens, Soissons, & Châlons, pour entrer dans les pays étrangers, ou dans nos Provinces dans lesquelles nos Aydes n'ont point cours.

ARTICLE II.

Declarons toutefois le vin qui sortira de la Generalité d'Amiens pour Calais & Ardres, n'estre sujet à notre droit de treize livres dix sols.

ARTICLE III.

Défendons à tous nos Sujets de quelque qualité qu'ils soient, de faire passer leur vin pour entrer dans les pays étrangers, ou dans nos Provinces, dans lesquelles nos Aydes n'ont point cours, ailleurs que par les Bureaux de Torcy, Sedan, Donchery, Mezieres & autres endroits le long de la Meuze jusqu'à Verdun, ou par ceux établis dans les Villes des Generalités de Soissons & Amiens, dans lesquels Bureaux nos droits seront payés avant l'enlevement, à peine de confifcation, & de cinq cens livres d'amende.

ARTICLE IV.

Enjoignons à ceux qui declareront le Vin pour des Villages de la Frontiere, de fouffrir la marque des Commis fur les futailles, lefquelles ils fe foumettront, & bailleront caution de reprefenter au lieu de la deftination par eux déclaré pendant trois mois, à compter du jour de leur arrivée toutes les fois que les Gardes & Commis du Fermier de nos droits y feront leurs vifites, & en cas de refus de fouffrir les vifites, ou à faute de reprefenter les futailles marquées, le vin fera reputé forti hors notre Royaume, & feront contraints, tant les principaux obligés, que les cautions folidairement, de payer le double de nos droits.

DES DROITS SUR LES TOILLES,
Bafins, Futaines, Canevas, &c.

ARTICLE PREMIER.

NOs droits fur les Toilles, Futaines, Bafins, Canevas, Coupons, Coutils & Treillis feront levés fuivant la fixation portée par le Tarif, attaché fous le contre-fcel des Prefentes.

ARTICLE II.

Sera levé le fimple droit porté par le Tarif fur les pieces de Toilles de quarante aulnes, & au-deffous, même fur celles qui font coupées en draps, nappes &

autres

autres commodités de ménage, pourvû qu'elles foient neuves, le double fur les pieces au-deffus de quarante aulnes jufqu'à quatre-vingt , & le triple fur celles au-deffus de quatre-vingt aulnes.

ARTICLE III.

Declarons fujettes à nos droits les Toilles amenées des Pays étrangers, ou de nos Provinces dans lefquel-les nos droits ne font point établis , qui entreront dans notre bonne Ville & Fauxbourgs de Paris , pour y être employées, ou pour paffer debout.

I V.

Enjoignons aux Voituriers de reprefenter leurs Let-tres de Voitures en bonne forme, qui feront vifées par les Commis aux Bureaux des Barrieres, Portes & Ports, & d'en déclarer la quantité & la qualité , & d'y pren-dre des billets d'envoy pour le Bureau établi près celui de nos Cinq Groffes Fermes , & pour la Halle aux Toil-les ; à peine de confifcation , & de cent livres d'amen-de, s'ils font trouvés au-delà des Bureaux des Barrieres, Portes & Ports, fans être Porteurs de billets d'envoy.

ARTICLE V.

Leur enjoignons pareillement de reprefenter l'acquit des droits qui auront été payés pour celles qui vien-nent de nos Provinces où ils font établis , finon les dé-clarons fujettes au payement de nos droits entiers ; & en cas que l'acquit foit reprefenté , elles feront feule-ment fujettes à la moitié de nos droits , pour la fûreté defquels les Voituriers feront tenus d'obferver le con-tenu en l'Article precedent fur les mêmes peines.

D

ARTICLE VI.

Celles qui viennent des Pays étrangers ou de nos Provinces dans lefquelles les Bureaux de nos Cinq Grof-fes Fermes ne font point établis , feront conduites à droiture au Bureau de nos Cinq Groffes Fermes : Défendons de les tranfporter & décharger ailleurs , à peine de confifcation & de cent livres d'amende.

ARTICLE VII.

Défendons au Fermier de nos Cinq Groffes Fermes & à fes Commis , d'ouvrir les ballots , balles & caiffes , finon en prefence du Fermier de nos droits fur les toilles , ou de fes Commis , ni de fouffrir qu'elles foient tranfportées qu'après qu'il leur fera apparu du payement de nos droits , à peine d'en répondre en leur propre & privé nom.

ARTICLE VIII.

Celles qui viennent des Provinces où les Bureaux de nos Cinq Groffes Fermes font établis , feront conduites à droiture en la Halle aux Toilles , où elles ne pourront être ouvertes qu'en prefence du Fermier de nos droits fur les Toilles , ou de fes Commis , ni tranf-portées ailleurs qu'après le payement de nos droits ; le tout à peine de confifcation & de cent livres d'amende.

ARTICLE IX.

Défendons fur pareilles peines, d'enlever les Toilles du Bureau , ou de la Halle aux Toilles , qu'elles n'ayent été marquées auparavant par les Commis ; ce qu'ils fe- ront tenus de faire inceffamment , en forte qu'elles ne demeurent pas plus de trois jours dans le Bureau.

ARTICLE X.

Sera la Halle aux Toilles ouverte chaque jour ouvrable, depuis le premier Avril jufqu'au premier Octobre, depuis fept heures du matin jufqu'à fix heures du foir ; & depuis le premier Octobre jufqu'au premier Avril, depuis huit heures du matin jufqu'à quatre heures du foir ; défendons aux Marchands de la Ville & Fauxbourgs de Paris, autres que les Marchandes Lingeres, & les Jurées Maiftreffes Lingeres Toillieres, d'y venir faire leur achapt.

ARTICLE XI.

Ne pourront les Marchands fuivans la Cour, les Marchandes Lingeres, & les Jurées Maîtreffes Lingeres, Toillieres de la Ville & Fauxbourgs de Paris, faire décharger les Toilles en leurs maifons, ou magafins, qu'elles n'ayent paffé par le Bureau, ou par la Halle aux Toilles, ainfi que celles des Marchands Forains, à peine de confifcation, & de cent livres d'amende.

ARTICLE XII.

Declarons fujettes à nos droits, les Toilles qui feront ramenées à Paris des Buries de Senlis, Beauvais & des autres lieux, enfemble des Foires de faint Denys, fi les Marchands & Voituriers ne font apparoir de la marque des Commis ; & pour cet effet, leur enjoignons de les reprefenter au Bureau avant que de les conduire dans leurs maifons ou magafins, à peine de confifcation & de cent livres d'amende.

ARTICLE XIII.

Les Articles précedens pour les Toilles feront executés pour les Futaines, Bafins, Canevas, Coupons, Coutils, Treillis & autres Marchandifes de fil, fur les mêmes peines, en cas de contravention.

DES DROITS D'ABORD
& de confommation fur le Poiffon.

ARTICLE PREMIER.

Nos Droits d'abord fur le Poiffon de Mer frais, fec & falé feront levés même dans le tems des Foires, en tous les Ports, Havres, Rades, & Plages de nos Provinces & Generalités où nos Droits d'Aydes ont cours à l'arrivée des Navires, Barques & autres Vaiffeaux, fuivant la fixation portée par le Tarif attaché fous le contre-Scel des prefentes.

ARTICLE II.

Seront levés pareils Droits fur le Poiffon de mer frais, fec & falé qui entrera dans notre Province d'Anjou par la riviere de Loire ou par terre.

ARTICLE III.

Enjoignons aux Maîtres des Navires, Barques, Batteaux & autres Vaiffeaux, & à tous autres Voituriers, de déclarer au Bureau à leur arrivée la quantité & la qualité du Poiffon dont ils feront chargés; enfemble les noms des Proprietaires & des Facteurs, aufquels il eft adreffé, de reprefenter leurs Chartes-parties & Lettres de Voitures, & de fouffrir la vifite du Poiffon par les Commis pour verifier le contenu aux Déclarations; le

tout à peine de confiscation & de cinq cens livres d'a-
mende.

ARTICLE IV.

Leur défendons sur les mêmes peines, de décharger
les Marchandises, & aux Marchands ou Facteurs de les
recevoir en leurs Maisons & Magasins, que la visite
n'ait été faite, & que nos Droits n'ayent été payés.

ARTICLE V.

En cas qu'il n'y ait point de Bureau au lieu de la premiere descente, les déclarations & representations des
Chartes-parties & Lettres de Voiture seront faites, &
nos Droits payés au plus prochain Bureau; défendons
aux Marchands & Voituriers de passer outre sans acquit, à peine de confiscation, & de cinq cens livres d'a-
mende.

ARTICLE VI.

Défendons de lever nos Droits d'Abord plus d'une
fois, comme aussi de les lever sur le Poisson gâté & cor-
rompu, à peine de concussion.

ARTICLE VII.

Maintenons les Pêcheurs de nos Villes & Côtes de Normandie, dans l'exemption de nos Droits d'Abord du
Poisson de Mer frais, sec & salé, procedant de leur
pêche, à la charge néanmoins d'en faire leur déclaration comme dessus, à peine de confiscation du Poisson
non déclaré; leur défendons d'en acheter en mer des
Marchands ou Pêcheurs Etrangers, à peine aussi de confiscation du Poisson acheté, de cinq cens livres d'amende, & de decheance de leur Privilége pour celui qu'ils
auront pêché.

Article VIII.

Joüiront de pareille exemption ceux de nos sujets qui feront arriver du Poisson de leur pêche sur les Vaisseaux à eux appartenans, pourvû que les Equipages soient au moins moitié François.

Article IX.

Nos Droits de consommation seront levés même dans le tems des Foires sur le Poisson frais, sec & salé qui sera transporté par eau ou par terre, des Ports, Havres, Rades & Plages de notre Province de Normandie, & de la Generalité d'Amiens, suivant le Tarif attaché sous le contre-scel des presentes, sans aucune exemption ni privilege.

Article X.

Déclarons sujet à nos Droits, le Poisson pêché dans les Parcs, filets, picquets, & pêcheries, qui sont sur les greves de la mer, & dans les rivieres où s'étend le flux & reflux.

Article XI.

Déclarons aussi sujets à nos Droits, les Saumons, Alauzes, Eperlans, Lamproyes & autres poissons de mer, encore qu'ils soient pêchés dans les endroits des rivieres, dans lesquels il n'y a flux ni reflux.

Article XII.

Le Poisson déclaré pour notre bonne Ville & Fauxbourg de Paris ne sera sujet à nos Droits de consommation, tant & si longtems que les Offices des Jurés Vendeurs de poissons subsisteront.

ARTICLE XIII.

Le payement de nos Droits fera fait au lieu où le Poiffon fera chargé avant l'enlevement; à peine de con-fifcation, & de cent livres d'amende, excepté celui qui fera tranfporté de Calais, Boulogne & des autres endroits de nos Païs reconquis, dont les Droits feront payés au Bureau de Pontdormy ; défendons aux Marchands & Voituriers de paffer outre fans acquit, fur pareilles peines.

ARTICLE XIV.

Le poiffon deftiné pour notre bonne Ville & Fauxbourgs de Paris, ne pourra être enlevé, du lieu du chargement qu'après les foumiffions faites, & les cautions baillées de payer nos Droits, à faute de rapporter les certificats, tant du Commis à la Recette, que des Jurés Vendeurs de Poiffon, que le Poiffon y aura été déchargé, & feront les Voituriers, tant par eau que par terre, Porteurs de congé en bonne forme; le tout à peine de confifcation, & de cent livres d'amende.

ARTICLE XV.

Seront les Certificats pour le Poiffon frais, rapportés dans quinzaine, & pour le Poiffon fec & falé dans trois femaines, à l'égard de celui qui fera tranfporté par Char-roy, & dans fix femaines à l'égard de celui qui fera amené par eau; finon nos Droits feront payés en vertu des contraintes folidaires qui feront décernées, vifées & executées contre les principaux obligés & leurs cautions, par emprifonnement de leurs perfonnes; déclarons nuls les certificats qui feront rapportés après le tems.

ARTICLE XVI.

Défendons de lever nos Droits de confommation fur le Poiffon frais qui fera tranfporté de notre bonne Ville & Fauxbourgs de Paris en d'autres Lieux, enfemble fur le Poiffon fec & falé qui y aura été vendu, & qui en fera enlevé après la vente pour être tranfporté ailleurs, le tout à peine de concuffion: Voulons que nos Droits de confommation foient levés feulement fur le Poiffon fec & falé qui en fera enlevé fans y avoir été vendu, & dont l'acquit du gros ne fera point reprefenté à la fortie.

DU DROIT DE FRET.

ARTICLE PREMIER.

NOTRE Droit de Fret fera levé à raifon de cinquante fols par tonneau fur tous les Vaiffeaux Etrangers, felon la continence dont ils feront, fuivant la Jauge à morte-charge qui en fera faite; & le payement en fera fait à l'entrée ou à la fortie des Havres & Ports de notre Royaume, au choix du Fermier de nos Droits.

ARTICLE II.

Déclarons Vaiffeaux Etrangers, ceux qui n'ont point été fabriqués dans notre Royaume, encore qu'ils appartiennent à nos Sujets Regnicoles, à moins qu'ils n'en rapportent les Contracts d'achat paffés pardevant Notaires, & enregiftrés aux Greffes des Amirautés, par Ordonnance des Juges, & que les deux tiers de l'équipage foient

François

François, fans lefquelles conditions, voulons qu'ils foient tenus de payer nos Droits.

ARTICLE III.

Nos Droits feront payés, foit que les Vaifleaux foient venus chargés, & qu'ils s'en retournent à vuide, ou qu'ils foient venus à vuide, & qu'ils s'en retournent chargés; défendons de les lever tant fur ceux qui entreront & fortiront vuides, que fur ceux qui entreront chargés, & qui fortiront avec la même charge, à peine de concuffion.

ARTICLE IV.

Ne feront levés nos Droits qu'une fois feulement pour chacun voyage, enforte neanmoins qu'un Vaifleau envoyé dans un Port, Havre ou Rade de notre Royaume pour y charger ou décharger, foit fujet au payement de nos Droits, felon la continence dont il fe trouvera, autant de fois, & pour autant de voyages qu'il fera de Port en Port, même au dedans de notre Royaume.

ARTICLE V.

Enjoignons aux Maîtres des Vaifleaux, de donner une déclaration veritable du port de leurs Vaifleaux dans les vingt-quatre heures de leur arrivée, à peine de confifcation des Vaifleaux, Marchandifes & Equipages.

ARTICLE VI.

Leur défendons de fortir des Ports & Havres, fans auparavant avoir acquité nos Droits, fur pareille peine de confifcation, & de mille livres d'amende.

E

Article VII.

Faisons aussi très-expresses défenses à nos Sujets de prêter leur nom aux Etrangers, à peine de confiscation des Vaisseaux & Marchandises, & de trois mille livres d'amende.

Article VIII.

Les contestations seront jugées en premiere instance par nos Juges des Traites, ou nos autres Officiers qui seront par nous commis; & en cas d'appel par nos Cours des Aydes.

❊❊❊ ❊❊❊ ❊❊❊ ❊❊❊ ❊❊❊ ❊❊❊ ❊❊❊ ❊❊❊ ❊❊❊ ❊❊❊

TITRES DES PUBLICATIONS,
Encheres & Adjudications des Fermes, & Enregistrement des Baux.

Article Premier.

VOULONS que six mois avant l'expiration des Baux de nos Fermes, il soit dressé en notre Conseil, des affiches contenant les conditions & le tems des Baux qui seront renouvellés, & que les affiches soient envoyées en tous les Bureaux des Finances des Generalités, dans l'étenduë desquelles les Droits qui composent nos Fermes, sont perceptibles pour y être publiées; desquelles publications les Trésoriers de France seront tenus d'envoyer incessamment leurs Procès Verbaux en notre Conseil.

Article II.

Pareilles affiches seront publiées en notre Conseil &

appoſés aux lieux accoutumés, trois mois avant l'expiration des Baux, & principalement aux portes du Louvre, & de la ſalle de notre Conſeil, par les Huiſſiers qui
y ſervent ordinairement, qui en dreſſeront & rapporte-
ront leurs Procès Verbaux dans les derniers trois mois;
& la publication s'en fera par les mêmes Huiſſiers à l'Audience de notre Conſeil, en laquelle toutes perſonnes
ſolvables & bien cautionnées ſeront reçûës à faire les encheres par la bouche de leurs Avocats.

ARTICLE III.

Les affiches ſeront publiées à trois differens jours de
Conſeil, au dernier deſquels l'adjudication ſera faite à
l'extinction de chandelle, au plus offrant & dernier encheriſſeur, ſauf huitaine, après laquelle les affiches ſeront publiées à l'Audience du Conſeil, où les nouvelles
encheres pourront être reçûës, & où il ne ſe trouveroit
point d'autres encheriſſeurs, l'adjudication, ſauf huitaine, ſera & demeurera purement & ſimplement confirmée, & ſera le Bail expedié & délivré dans la huitaine
ſuivante.

ARTICLE IV.

Enjoignons à l'Avocat auquel l'adjudication aura été
faite, de faire ſa déclaration dans les vingt-quatre heures,
au Greffe de notre Conſeil, du nom de celui au profit de
qui il a pourſuivi l'adjudication, enſemble de ſes caution, leſquels ſeront tenus de ſigner l'Acte de leur cau-
tionnement au Greffe de notre Conſeil dans les trois jours
ſuivans; ſinon le tems paſſé, la Ferme ſera de nouveau
publiée à la folle enchere de l'Adjudicataire & de ſes cautions, & adjugée ſous les mêmes conditions au plus offrant dernier encheriſſeur, ſi nous ne jugeons qu'il ſoit

plus expedient de faire l'adjudication à celui dont l'enchere aura été couverte par la premiere adjudication.

ARTICLE V.

Après l'adjudication pure & simple, aucune enchere
ne sera reçûë, si elle n'est faite par tiercement en tri-
plant la derniere enchere; en sorte que l'enchere cou-
rante étant de dix mille livres , celle qui se fait par
tiercement soit de trente mille livres , lequel tiercement
ne sera reçû , s'il n'est fait au Greffe de notre Conseil
dans le jour suivant l'adjudication , jusqu'à l'heure de
huit heures du soir , & si dans le même tems l'Acte n'en
a été signifié à l'Avocat de l'Adjudicataire.

ARTICLE VI.

Sera l'enchere du tiercement publiée de nouveau au
premier jour de Conseil immédiatement suivant , où
ne seront reçûës autres encheres que celles de l'Adjudicataire, & de celui qui aura fait le tiercement.

ARTICLE VII.

Toutes personnes seront reçûës au triplement du
tiercement huit jours après l'adjudication , soit qu'elle
soit faite sur le tiercement ou non ; laquelle enchere
sera de quatre-vingt-dix mille livres sur un tiercement
de trente mille livres , sur l'enchere simple de dix mille
livres; Et seront tenus ceux qui auront fait le triplement
du tiercement, de le faire signifier dans la huitaine au
Greffe de notre Conseil , & dans le jour suivant à l'Avocat de l'Adjudicataire.

ARTICLE VIII.

Sera l'enchere du triplement du tiercement, publiée

au premier jour du Conſeil immediatement ſuivant, pour être l'Adjudicataire & celui qui aura fait le triplement, ſeuls, à l'excluſion de tous autres, reçûs à encherir par ſimple enchere, & l'Adjudication faite ſur le champ, ſans y pouvoir revenir, ni les Adjudicataires être dépoſſedés de leurs Baux, quelques encheres qui ſoient faites, ni en quelque autre maniere que ce puiſſe être.

ARTICLE IX.

Le triplement ſera toujours de neuf fois l'enchere ſimple, bien qu'il n'y ait point eu de tiercement fait dans les vingt-quatre heures, & ſera reçû dans la huitaine de l'adjudication, comme il a été dit ci-deſſus.

ARTICLE X.

Voulons que les ſeuls Catholiques Apoſtoliques & Romains, ſoient admis dans les Fermes & les Sous-Fermes de nos Droits, ſoit comme Adjudicataires, ſoit comme Participes, ou Intereſſés; défendons à tous autres d'y prendre part, à peine de confiſcation à notre profit, du fonds qu'ils y auront mis, des interêts & des profits qu'ils en auront reçûs, dont le tiers ſera par nous donné au dénonciateur, de cinquante mille livres d'amende contre nos Fermiers Generaux, & de dix mille livres d'amende contre les Sous-Fermiers qui les auront admis.

ARTICLE XI.

Voulons auſſi que trois jours après que les Adjudications feront faites, les Adjudicataires donnent un Etat certifié d'eux, des noms & ſurnoms de tous ceux qui y feront intereſſés, avec les parts que chacun d'eux aura en vingt ſols, dont les Societés feront compoſées; le-

quel Etat ils feront tenus de renouveller dans les changemens qui y furviendront.

ARTICLE XII.

Défendons à tous Affociés de fous-affocier , ou donner part en leurs parts à qui que ce foit, fans qu'il leur
foit expreffement permis par Arrêt de notre Confeil.

ARTICLE XIII.

Leur défendons auffi de partager féparément aucuns
des profits de nos Fermes, comme confifcations, interêts d'avances , indemnités , gratifications, & tous autres profits de quelque nature & qualité qu'ils puiffent
être ; voulons que tout foit rapporté dans la maffe com-
mune & dans la caiffe des Fermes, pour être partagée
également à la fin de chaque année.

ARTICLE XIV.

Leur permettons néanmoins de prendre les droits
de préfence , & les dépenfes des voyages qu'ils feront
par l'ordre de leur Compagnie, pour le fait de leurs
Fermes.

ARTICLE XV.

Voulons que les Sous-Fermes de nos Fermes generales foient faites en préfence d'un de nos Officiers qui
fera à ce commis par Arreft de notre Confeil, & qu'elles foient données au plus offrant & dernier encherif-
feur , après trois publications & trois remifes confecutives.

ARTICLE XVI.

Voulons pareillement que tous les Sous - Fermiers

donnent un Etat ou Memoire certifié d'eux, au Con-
trolleur General de nos Finances, de tous les Aſſociés en
chacune de nos Sous-Fermes, avec les parts que chacun
d'eux aura en vingt ſols , dont les Sociétés ſeront compoſées , lequel Etat ils ſeront tenus de renouveller dans
les changemens qui y ſurviendront.

Article XVII.

Leur défendons d'admettre aucun autre Intereſſé
dans les Sous-Fermes, ou de donner aucune part ou in-
tereſt dans leurs portions directement ou indirectement,
ſous quelque prétexte que ce ſoit , ſans qu'il leur ſoit
expreſſément permis par Arreſt de notre Conſeil.

Article XVIII.

Défendons auſſi aux Fermiers & Sous-Fermiers de
nos Droits, de donner leurs procurations & commiſ-
ſions pour les Directions , Recettes, Controlles , Exercices , Emplois de Capitaines , Brigadiers , Archers & Gardes , & generalement tous autres , concernant l'adminiſtration , conſervation & œconomie de nos Fermes, à
autres qu'à nos Sujets, faiſant profeſſion de la Religion
Catholique , Apoſtolique & Romaine ; Faiſons très ex-
preſſes défenſes à tous nos Juges , à peine d'interdiction,
de les recevoir au ſerment , qu'en rapportant par eux le
Certificat du Curé de la Paroiſſe dans l'étenduë de laquelle ils font leur reſidence , ſouſcrit du Commis, ou
autre qui fera le ſerment , lequel Certificat ſera paraphé
ſans frais d'un de nos Officiers , & demeurera au Greffe
du Siege où le ſerment aura été prêté : Faiſons pareilles
défenſes à tous autres, de s'immiſcer dans la regie de nos
Droits, à peine de faux , & de punition corporelle.

ARTICLE XIX.

Défendons aux Avocats de notre Conseil, de prendre part dans nos Fermes Generales & Sous-Fermes, à peine de perte de leurs Charges, lesquelles nous avons declaré dès à present impetrables en cas de contravention.

ARTICLE XX.

Défendons pareillement aux Sous-Fermiers de nos Droits de faire des arriere-baux; Voulons que tous ceux qui prendront les Sous-Fermes des Fermiers Generaux, exercent les Sous-Fermes ou par eux ou par leurs Commis.

ARTICLE XXI.

Défendons aussi à tous nos Fermiers Generaux & Sous-Fermiers de donner aucune gratification, pension ni present, directement ou indirectement, pour quelque cause, & sous quelque pretexte que ce soit, sans notre permission par écrit.

ARTICLE XXII.

Voulons que les Interessés en chacune Ferme Generale & Sous-Ferme, s'obligent à l'execution des Articles contenus au present Titre, & qu'ils en mettent l'Acte ès mains du Secretaire de notre Conseil des Finances, par lequel Acte ils se soumettront à la peine de cinquante mille livres d'amende contre les Fermiers Generaux, & de dix mille livres d'amende contre les Sous-Fermiers pour chacun article de contravention; laquelle amende déclarons encouruë contre les contravenans en vertu des presentes.

ARTICLE

ARTICLE XXIII.

Les Adjudicataires de nos Fermes ou ſous-Fermes , &
autres perſonnes de quelque qualité qu'elles ſoient qui
feront convaincus d'avoir fait des traités ou compoſi-
tions verbales , ou par écrit , ou qui par eux , ou par perſonnes interpoſées , & par quelque voye , & en quelque maniere que ce ſoit , auront empêché la liberté des
encheres ſimples , de tiercement, ou de triplement , ſeront punis ſelon la grieveté du cas , & condamnés en
une amende qui ne pourra être moindre que de trois
fois l'enchere , ou deux fois le tiercement ou le triplement qu'ils ſeront convaincus d'avoir empêché ; déclarons les promeſſes faites pour cet effet illicites ; voulons
que l'argent , ſoit qu'il ait été reçû , ou qu'il ſoit même
dû , ſoit donné moitié à l'Hôtel-Dieu , & l'autre moitié
à l'Hôpital General de notre bonne Ville de Paris.
Voulons auſſi que ceux qui ont reçû argent ou promeſſes
pour ne point encherir , ou qui ſe ſont rendus dépoſi-
taires des promeſſes ou des deniers pour être par eux délivrés après la conſommation de la fraude , ſoient condamnés ſolidairement envers nous en dix mille livres
d'amende , au payement de laquelle ils ſeront contraints
comme pour nos propres deniers.

ARTICLE XXIV.

Les encheres, tiercemens & triplemens , dont le prix
de l'adjudication ſera augmenté , nous appartiendront
à l'égard des Fermes Generales, & au Fermier general
de nos droits à l'égard des ſous-Fermes.

ARTICLE XXV.

Les Baux de nos Fermes ſeront regiſtrés aux frais des

F

Fermiers de nos droits en nos Cours des Aydes , & aux Greffes des Bureaux des Treforiers de France & des Elections, & les fous-Baux aux Greffes des Elections feulement , ou des Juges inferieurs qui connoiffent de la levée de nos droits qui y font compris.

ARTICLE XXVI.

Seront payés les frais de l'enregiftrement des Baux generaux aux Bureaux des Treforiers de France , à raifon de vingt livres pour chacune Election où nos droits d'Aydes fe levent , defquelles les Generalités font compofées pour tous les Officiers des Bureaux , même pour nos Procureurs & Avocats , & pour les Greffiers ; & aux Elections , à raifon de dix fols pour chacune Paroiffe , où nos anciens & nouveaux droits d'Aydes ont cours , & de moitié feulement en celles où nous ne joüiffons que des nouveaux droits , tant pour l'enregiftrement des Baux generaux , que des Sous-Baux qui feront faits des droits qui en dépendent pour tous les Officiers , même pour nos Procureurs & les Greffiers.

ARTICLE XXVII.

Les Procurations pour la recette & regie de nos droits contenus aux Baux ou fous-Baux , feront regiftrées au Greffe des Elections , les frais duquel enregiftrement nous avons reglés à trois livres pour tous les Officiers de chaque Election , outre les frais de l'enregiftrement des Baux & des fous-Baux mentionnés en l'Article précedent.

TITRE COMMUN POUR TOUTES
les Fermes.

ARTICLE PREMIER.

DEFENDONS à tous nos Officiers, aux Fermiers & Sous-Fermiers de nos Droits & aux redevables, de former ou recevoir aucun débat contre les fixations faites par ces préfentes & par nos Reglemens des mois de Mai & de Juin 1680. & les Tarifs attachés fous le Contre-Scel, fous prétexte d'erreur de calcul ou autrement; dans lefquelles fixations déclarons y avoir compris les Parifis, fol & fix deniers.

ARTICLE II.

Nul n'eft exempt de nos Droits, finon ceux dont les Privileges font compris dans ces prefentes & dans nos Reglemens des mois de Mai & de Juin 1680; n'enten-dons neanmoins préjudicier aux privileges & exemptions de nos Droits, dont les Villes, Bourgs, & Paroifles ont joüi jufqu'à prefent, en vertu des Lettres de conceffion des Rois nos prédeceffeurs, & de confirmation que nous leur avons accordées, à l'exception des Droits établis de-puis les conceffions & confirmations, aufquels les lieux exempts des anciens demeureront fujets.

ARTICLE III.

Les Veuves des Privilegiés joüiront pendant leur vi-duité des Privileges dont joüiffoient leurs maris au jour de leur decès, s'il n'y a difpofition expreffe au contraire.

ARTICLE IV.

Les Fermiers de nos Droits auront contre les Sous-Fermiers les mêmes actions, Privileges, Hypoteques, Droits de contraindre & pourfuivre, que nous avons contre les Fermiers ; voulons neanmoins que leurs Droits foient prefcrits par cinq ans, à compter du jour des Baux defdites Fermes expirés, & que les Inftances par eux intentées foient fujettes à peremption comme entre nos autres Sujets, le tout s'il n'y a interruption ; lefquelles prefcriptions & peremptions, n'entendons avoir lieu lorfque nous fommes partie, comme exerçant les Droits des Fermiers nos débiteurs.

ARTICLE V.

Ce que nous avons ordonné à l'égard des Fermiers contre les Sous-Fermiers, aura lieu à l'égard des Fermiers & Sous-Fermiers contre leurs Commis.

ARTICLE VI.

Voulons que les Fermiers & Sous-Fermiers qui feront credit de nos Droits, & qui viendront par action, oppofition, intervention, plainte ou autrement, même dans les cas aufquels ils pourroient fe faire payer fur le champ, foient préferés fur les Meubles à tous autres créanciers, même à ceux qui ont prêté leurs deniers pour les acheter, aux exceptions portées par le Reglement de nos Droits d'Aydes.

ARTICLE VII.

N'entendons la préference portée par l'Article précedent avoir lieu, finon lorfque les foumiffions & promeffes que nos Fermiers & Sous-Fermiers auront prifes des redevables, feront libellées pour nos Droits, conformément aux Regiſtres & Déclarations qui en auront été faites.

Article VIII.

N'entendons auſſi que la preference ordonnée pour nos Droits, ait lieu pour les confiſcations de la juſte valeur, en ce qu'elles excedent nos Droits, ni pour lamende, & les dépens.

Article IX.

Dans les conteſtations & inſtances de préference entre les Fermiers & Sous-Fermiers d'un Bail précedent & ceux du Bail courant, faiſiſſans ou oppoſans ſur les meubles de leur débiteur commun pour nos Droits, Confiſcations, Amende & Dépens; Ceux du Bail courant feront préferés à ceux du Bail précedent, à moins que leur faiſie ou oppoſition n'ait été formée avant l'expiration du Bail, auquel cas ils viendront par concurrence, laquelle aura lieu pareillement en cas que tous les Baux fuſſent expirés avant les faiſies & oppoſitions, & auſſi lorſque les Fermiers des Baux courans ſe trouveront créanciers & oppoſans ſur les autres biens.

Article X.

Chacun Fermier ou Sous-Fermier ſera reſponſable civilement de ſes Commis, même le Fermier General, des faits ou délits du Sous-Fermier; enjoignons aux Sous-Fermiers & aux porteurs de la procuration du Fermier General pour la recette & adminiſtration des Droits compris dans les Sous-Baux, lorſqu'ils procederont dans les Juriſdictions inferieures, en nos Cours & en notre Conſeil, ſoit en demandant ou défendant, ou qu'ils dé-

cerneront & feront executer aucunes contraintes fous le
nom du Fermier General, d'ajoûter les noms & domi-
ciles du Sous-Fermier & de fes cautions, & de déclarer
que les Actions & procedures font faites à leur pourfuite
& diligence; à peine de nullité, & de tous dépens, dommages & interéts.

Article XI.

Permettons aux Fermiers & Sous-Fermiers de nos
Droits, aux Commis ayant la direction generale de leurs
Fermes ou départemens, Commis à la Recette & au Controlle, Capitaines & Lieutenans de Brigade à pied & à
cheval, Capitaines & Lieutenans des Pataches, enfemble
aux Commis aux exercices, & autres ayant ferment à
Juftice, de porter épées & autres armes; les déclarons
exempts de Tutelle & Curatelle, de Collecte, de Loge-
mens de Gens de Guerre, de Guet & de Garde; Défendons à nos Officiers des Elections & Greniers à Sel, Habitans des Villes & Paroiffes, Afféeurs & Collecteurs, de
les comprendre dans les Rolles, en cas qu'ils n'ayent
point été impofés avant leurs Fermes & Commiffions;
ni d'augmenter l'impofition qui a été faite de leurs perfonnes auparavant; le tout finon à proportion des im-
meubles qu'ils auront acquis depuis, ou en cas de trafic.

Article XII.

Pourra le Fermier de nos Droits decerner fes contraintes contre fes Procureurs & Commis qui feront en de-
meure de compter ou payer, en vertu defquelles ils pourront être conftitués prifonniers, & ne feront reçûs au Benefice de ceffion.

ARTICLE XIII.

Ne feront auffi reçûs au Benefice de ceffion, ceux de nos Sujets qui font contraignables par corps au payement de nos Droits.

ARTICLE XIV.

Les gages de ceux qui font employés par les Fermiers de nos Droits, & par leurs Procureurs & Sous-Fermiers, ne pourront être faifis à la Requête de leurs Créanciers, fauf à eux à fe pourvoir fur les autres biens ; & fi aucunes faifies étoient faites, nous leur en faifons main-levée par ces préfentes, & déchargeons les débiteurs des Gages des Affignations qui leur feront données pour affirmer, & des condamnations qui pourront intervenir.

ARTICLE XV.

Défendons à ceux qui auront obtenu des condamnations contre les Fermiers & Sous-Fermiers de nos Droits, ou qui feront leurs Créanciers par promeffes, obligations, ou autrement, de faifir ou arrêter entre les mains des redevables de nos Droits ce qu'ils en doivent; voulons que nonobftant les faifies dont nous faifons mainlevée par ces prefentes, les particuliers foient contraints au payement, & que les faififfans foient condamnés aux dommages & interêts des Fermiers & Sous-Fermiers.

ARTICLE XVI.

Les Commis délivreront gratis les Congés, Acquits, Paffavans, Certificats, Billets d'envoi, Vû de Lettres de voiture, & les autres Actes de pareille qualité; leur défendons de rien exiger ni recevoir que ce qui leur eft permis par nos Reglemens, à peine de concuffion; pourront neanmoins fe faire rembourfer des frais pour le timbre du Papier.

Article XVII.

Les marques & démarques feront faites fans frais fur les vaiffeaux & fûtailles par les Commis, fur les peines portées par l'Article précedent.

Article XVIII.

Ce que nous avons ordonné pour nos Droits d'Aydes, de la capacité, preftation & réïteration de ferment des Commis; & pour le pouvoir qu'ils ont de fe fervir de tels Huiffiers & Sergens que bon leur femble, fera executé pour nos autres Droits dans les Jurifdictions aufquelles la connoiffance en appartient.

Article XIX.

Les Procès Verbaux des Commis & Gardes, bien & dûëment faits & affirmés en Juftice, feront crûs jufques à infcription de faux.

Article XX.

Voulons que les Commis & autres ayant ferment à Juftice, qui auront fabriqué ou fait fabriquer de faux regiftres, ou qui en auront délivré de faux extraits fignés d'eux, ou contrefait les fignatures de nos Juges, foient punis de mort.

Article XXI.

Les particuliers redevables de nos Droits, qui auront falfifié les marques des Commis, & autres ayant ferment à Juftice, les Congés, Acquits, Paffavans, Certificats, & autres Actes qui leur doivent être délivrés par les Commis,

mis, feront condamnés pour la premiere fois au foüet, & à un banniffement de cinq ans de l'Election de Paris, ou de celle où la falfification aura été commife, avec amende qui ne pourra être moindre que le quatt de leurs biens; & en cas de recidive, aux Galeres pour neuf ans, avec amende qui fera de la moitié de leurs biens.

Article XXII.

Déclarons fujets aux mêmes peines, ceux qui auront falfifié les Chartes-parties, Connoiffemens, & Lettres de Voiture.

Article XXIII.

Ce qui fera trouvé fans déclaration au-delà du Bureau où elle a dû être faite, fera confifqué.

Article XXIV.

Les déclarations fauffes dans la quantité, ou dans la qualité, ou drns les autres circonftances qui doivent être exprimées, emportent confifcation.

Article XXV.

Toute confifcation emporte amende, laquelle fera arbitrée par nos Juges, dans les cas aufquels il n'a point été pourvû par nos Reglemens.

Article XXVI.

Défendons de paffer outre à la vente des effets confifqués au préjudice de l'appel, finon pour ce qui concerne nos Droits de Gabelles & le barillage.

Article XXVII.

Ne fera donné main-levée, foit en premiere inftance

G

ou en cause d'appel, des effets confisqués ou saisis afin
de confiscation, sinon en consignant par les Parties in-
teressées entre les mains du Fermier ou Sous-Fermier de
nos Droits, la juste valeur à dire d'Experts, ou en don-
nant caution suffisante & solvable, qui sera reçûë avec le
Fermier ou Sous-Fermier.

ARTICLE XXVIII.

Les Effets mobiliaires saisis à fin de confiscation, ou
confisqués, ne pourront être revendiqués par les Proprietaires, ni le prix, soit qu'il soit consigné ou non,
reclamé par aucun Créancier même privilegié, sauf leur
recours contre les auteurs de la fraude.

ARTICLE XXIX.

La confiscation des Marchandises pourra être pour-
suivie avec les Voituriers & autres préposés à la con-
duite, auteurs de la fraude, sans que le Fermier de nos
Droits soit tenu de mettre en cause les Proprietaires,
encore qu'ils lui soient indiqués, comme aussi la confiscation des Voitures, Charettes, Batteaux, Chevaux &
Equipages, pourra être ordonnée conjointement avec
celle des Marchandises contre les auteurs de la fraude,
sans que le Fermier de nos Droits soit tenu de mettre
en cause les Voituriers ou autres Proprietaires des équi-
pages.

ARTICLE XXX.

Les condamnations contre deux ou plusieurs personnes, pour un même fait de fraude, sont solidaires tant
pour la confiscation & amende que pour les depens.

Article XXXI.

Défendons à tous nos Juges de moderer les confifcations & amendes , à peine d'en répondre en leur propre & privé nom , ni de les divertir & deftiner au préjudice des Fermiers & Sous-Fermiers de nos droits ;
leur permettons néanmoins d'augmenter les amendes fi
l'affaire le merite , comme auffi de les reduire pour fait
purement civil jufqu'à cent livres s'il y échet , felon la
qualité de la contravention , & celle des contrevenans.

Article XXXII.

Ne pourront les dépens être compenfés , s'il n'y a
dans le Jugement des condamnations refpectives.

Article XXXIII.

Les contrevenans aux Articles de nos Reglemens
dans lefquels il n'y a aucune peine certaine & fixée ,
feront condamnés aux dommages & interêts des parties
intereffées , en l'amende , aumône , & autre peine , felon
l'exigence des cas , ce que nous laiffons à l'arbitrage &
à la confcience de nos Juges.

Article XXXIV.

Ne pourront les Fermiers & Sous-Fermiers faire aucune demande de nos droits contre les redevables , fix
mois après la Ferme ou Sous-Ferme finie , s'il n'y a ex-
ploit controllé auparavant , condamnation , cedule ,
promeffe , convention , ou obligation paffée à leur
profit.

Article XXXV.

Défendons à tous Juges , autres que les nôtres , de

decreter contre les Commis, Gardes & autres ayant ferment à Juftice, employés dans l'adminiftration de nos Fermes & Sous-Fermes, pour délits ou crimes, de quelque nature qu'ils puiffent être commis, dans le département où ils font employés, à peine de nullité, caffation de procedures, dépens, dommages & interêts, mille livres d'amende contre les Parties, & d'interdiction contre les Juges.

Article XXXVI.

Défendons auffi fur pareilles peines à tous nos Juges des Jurifdictions ordinaires, de décreter contr'eux pour le fait de leurs Commiffions & Employs, & pour les cas arrivés dans le cours & à l'occafion de leurs exercices, déclarons les Officiers de nos Elections des Greniers à fel, Juges des Traites & autres de pareille qualité, feuls competens d'en connoître en premiere Inftance refpectivement pour ce qui les concerne, à la charge de l'appel en notre Cour des Aydes.

Article XXXVII.

Seront les informations faites, tant par les Officiers de nos Jurifdictions ordinaires, que par ceux des Elections, Greniers à Sel, Traites & autres en cas de conflit pour la competence, envoyées inceffamment au Greffe de notre Confeil, pour y être les Parties reglées de Juges, cependant fera l'inftruction du procès continuée jufqu'au Jugement diffinitif par nos Officiers des Elections, Greniers à fel, Traites & autres Juges de nos droits, & fera furfis au Jugement jufqu'à ce que la competence ait été reglée, & feront les Juges qui auront entrepris fur les autres, outre l'interdiction, condamnés en mille livres d'amende.

ARTICLE XXXVIII.

Pour l'execution des trois Articles precedens & la va-
lidité des exercices & procès verbaux, fera mis à la diligence & aux frais des Fermiers ou Sous-Fermiers de nos
droits, un tableau dans un lieu éminent de chacun
Greffe des Elections, Greniers à Sel, Traites, & autres
dans lefquels feront infcrits en gros caraEteres, les noms
& furnoms des Commis, Gardes & autres, ayant ferment à Juftice, employés dans l'étenduë de chaque Ju-
rifdiEtion.

ARTICLE XXXIX.

Enjoignons aux Commis de mettre au dehors fur la
porte du Bureau, ou en autre lieu apparent, les tableaux
ou infcriptions, contenant en general les droits de la
Ferme, pour la recette ou controlle defquels le Bureau
eft établi; leur enjoignons pareillement de mettre dans
le Bureau, en un lieu apparent, un autre Tableau, contenant un Tarif éxaEt de tous les droits, à peine d'a-
mende arbitraire, dépens, dommages & intei êts des
Parties.

ARTICLE XL.

Les Marchandifes & denrées dont les droits doivent
être payés à raifon du poids ou de la mefure, feront pe-
fées & mefurées aux poids & mefures que les Fermiers
& Sous-Fermiers de nos droits tiendront dans leurs Bureaux, pourvû que l'étalonnement en ait été bien &
dûëment fait en la maniere ordinaire & accoûtumée;
défendons aux Engagiftes & Fermiers de nos poids &
mefures, & aux Seigneurs particuliers des Villes & lieux
où il y en a d'établis, d'y apporter aucun empêchement.

ARTICLE XLI.

Dans les conteſtations entre les Fermiers de nos droits & les redevables à fin civile , les appointemens à faire preuve feront toujours reſpectifs.

ARTICLE XLII.

Ne feront les redevables de nos droits contraints par corps au payement, ſinon dans les cas mentionnés dans ces Preſentes , & dans nos Reglemens des mois de May & de Juin 1680.

ARTICLE XLIII.

Les Sentences & condamnations en ce qui concerne nos droits & l'amende , feront executées nonobſtant l'appel, & fans y préjudicier, aux cautions du Bail,lorſ-qu'elles font au profit du Fermier de nos droits , & aux cautions du Sous-Bail , lorſqu'elles font obtenuës par les Sous-Fermiers ; défendons à nos Cours de don-ner aucuns Arreſts de défenſes ou ſurféances, à peine de nullité, pourvû néanmoins au regard de l'amende, qu'elle foit feulement de cinquante livres & au-deſſous, ou qu'il n'y ait inſcription de faux contre les procès verbaux qui ont donné lieu aux condamnations.

ARTICLE XLIV.

L'appel quant aux dépens , a un effet fuſpenſif.

ARTICLE XLV.

Enjoignons à nos Juges de condamner les coupables des crimes qui emportent confiſcation de tous les biens; à l'égard des biens qu'ils ont dans les pays où la confiſ-cation n'a point lieu, à une amende qui foit au moins du quart des biens qui y font fitués.

ARTICLE XLVI.

Dans les cas où la peine des Galeres eft ordonnée contre les hommes, la peine du foüet & du banniffement à tems, ou à perpetuité fera ordonnée contre les femmes, felon la qualité du fait.

ARTICLE XLVII.

Les condamnés au payement de nos droits pour fait purement civil, feront tenus de relever leur appel dans trois mois du jour de la fignification de la Sentence, à leur perfonne, ou à leur domicile, finon le tems paffé, l'appel ne fera plus recevable, & la Sentence paffera pour chofe jugée en dernier reffort.

ARTICLE XLVIII.

Lorfqu'ils auront relevé leur appel dans les trois mois, ils feront tenus de le mettre en état de juger dans les neuf mois fuivans, finon le tems paffé, la Sentence demeurera confirmée de plein droit avec amende & dépens, qui feront taxés en vertu des Prefentes.

ARTICLE XLIX.

Les infcrivans en faux feront tenus de configner la fomme de cinquante livres en nos Cours des Aydes, & de trente livres dans les Elections & autres Jurifdictions inferieures.

ARTICLE L.

Déclarons la connoiffance des conteftations pour tous

nos droits compris dans nos Reglemens des mois de
May & de Juin 1680. appartenir à nos Officiers des
Elections & des Greniers à Sel en premiere Inflance,
excepté feulement pour nos droits, pour lefquels nous
avons établi ou commis d'autres Juges, à la charge, en
l'un & en l'autre cas, de l'appel en nos Cours des Aydes
dans les matieres où l'appel eft recevable.

ARTICLE LI.

Faifons défenfes à nos Cours de Parlement de Paris,
Thouloufe, Roüen, Bordeaux, Aix, Grand Confeil,
Baillifs, Senefchaux, Préfidiaux, Lieutenans Criminels,
Prevofts des Maréchaux, Vice-Baillifs, leurs Lieutenans, & à toutes autres Cours de prendre connoiffance des droits compris dans notre prefent Reglement,
& dans ceux des mois de May & Juin 1680. circonftances & dépendances, à peine de nullité des procedures,
dépens, dommages, & interêts, & de trois mille livres
contre les Parties qui s'y font pourvûës.

Voulons que le prefent Reglement foit gardé & ob-
fervé, à commencer du jour de la publication des Prefentes ; abrogeons toutes Ordonnances, Reglemens,
Styls & ufages differens ou contraires aux difpofitions y
contenuës. Si DONNONS EN MANDEMENT à nos amés
& feaux les Gens tenans notre Cour des Aydes de Paris, Officiers de nos Elections & toutes autres qu'il appartiendra, que ces Prefentes ils gardent, obfervent &
entretiennent, faffent garder, obferver & entretenir ;
& pour les rendre notoires à nos Sujets, les faffent lire,
publier & enregiftrer. CAR TEL EST NOTRE PLAISIR :
Et afin que ce foit chofe ferme & ftable à toujours,
Nous avons fait mettre notre fcel. DONNE' à Verfailles

au mois de Juillet , l'an de grace 1681. Et de notre Regne le trente-huitiéme. Signé , LOUIS ; *Et plus bas ,* par
le Roy , COLBERT.

Regiſtrées en la Cour des Aydes , ce requerant le Procu-
reur General du Roy , pour être executées ſelon leur forme &
teneur , & ordonné que copies collationnées en ſeront envoyées
à la diligence dudit Procureur General du Roy , ès Sieges des
Elections & Juges des Traites du reſſort de ladite Cour , pour
y être lûës , publiées & regiſtrées , les Audiences tenant ;
Enjoint aux Subſtituts dudit Procureur General auſdits Sie-
ges d'y tenir la main , & de certifier ladite Cour au mois , de
leurs diligences. A Paris , les Chambres aſſemblées , le 21.
jour d'Aouſt 1681. Signé , DUPUY.

ETAT ET TARIF

DES DROITS DE MARQUE
& de Controlle, ordonnés être levés sur les Toilles, Canevas, Coutils, Futaines & Treillis.

SÇAVOIR,

POur chacune piece de Lin & façonné, contenant quarante aulnes & au-deſſous, cinq
ſols quatre deniers, cy   v. ſ. iv. d.

Pour celles au-deſſus de quarante aulnes juſqu'à
quatre-vingt, dix ſols huit deniers, cy   x. ſ. viij. d.

Pour celles au-deſſus de quatre vingt aulnes,
ſeize ſols, cy   xvj. ſ.

Pour chacune piece de chanvre de quarante
aulnes & au-deſſus, quatre ſols, cy   iv. ſ.

Pour celles au-deſſus de quarante aulnes juſqu'à
quatre-vingt, huit ſols, cy   viij. ſ.

Pour celles au-deſſus de quatre-vingt aulnes,
douze ſols, cy   xij. ſ.

Pour chacune piece d'Etoupes, Canevas, & Treillis de quarante aulnes & au-deſſous,
deux ſols huit deniers, cy   ij. ſ. viij. d.

Pour celles au-deſſus de quarante aulnes juſqu'à
quatre-vingt, cinq ſols quatre deniers, cy   v. ſ. iv. d.

Pour celles au-deſſus de quatre-vingt aulnes,
huit ſols, cy   viij. ſ.

Pour chacune piece de bazin d'aulnage ordinaire,
deux ſols huit deniers, cy   ij. ſ. viij d.

Pour chacune piece de Futaine & toille de Cot-
ton, deux fols huit deniers, cy   ij. f. viij d.

Pour chacune piece de Coutils de quarante aulnes & au deffous, cinq fols quatre deniers, cy v. f. iv d.

Pour celles au deffus de quarante aulnes jufqu'à
quatre-vingt, dix fols huit deniers, cy x. f. viij d.

Pour celles au-deffus de quatre-vingt, feize fols,
cy   xvj. f.

Pour chacune botte de Serviettes contenant
quatre douzaines & au-deffous, cinq fols
quatre deniers, cy   v. f. iv d.

Pour chacune piece d'Hollande, demi Hollande, toille de Gand, Lille, Courtray, Mali-
nes, & toutes autres de pareille nature de
quarante aulnes & de deffous, fix fols neuf
deniers, cy   vj. f. ix d.

Pour celles au-deffus de quarante aulnes jufqu'à
quatre-vingt, treize fols fix deniers, cy xiij. f. vjd.

Pour celles au-deffus de quatre-vingt aulnes,
une livre trois deniers, cy   j. l. iij d.

Pour chacune piece de Baptifte, Linomp & autres de femblable nature, fix fols neuf deniers, cy   vj. f. ix d.

Pour chacune tire de fix coupons de deux aulnes & au-deffous, fix fols neuf deniers, cy vj. f. ix d.

Pour chacune piece de Treillis d'Allemagne,
Lyon & autres lieux, de quarante aulnes &
au-deffous, deux fols huit deniers, cy ij. f. viij d.

Pour celles au-deffus de quarante aulnes jufqu'à
quatre-vingt, cinq fols quatre deniers, cy v. f. iv d.

Pour celles au-deffus de quatre-vingt, huit fols,
cy   viij. f.

Pour chacune piece de toille de Bretagne de fix

à fept aulnes de longueur, deux fols huit
deniers, cy   ij. f. viij d.
Pour les toilles teintes & imprimées, les Droits
en feront payés fur le pied des toilles ci-deffus,
dont elles feront les plus approchantes.

Fait & arrêté au Confeil Royal des Finances, tenu à
Verfailles le vingt-deuxiéme Juillet mil fix cens quatre-
vingt-un. *Signé*, R A N C H I N.

Regiftré en la Cour des Aydes, ce requerant le Procureur
General du Roy, pour être exucuté felon fa forme & teneur,
& ordonné que copies collationnées en feront envoyées à la di-
ligence dudit Procureur General, ès Sieges des Elections &
Juges des Traites du reffort de ladite Cour, pour y être lû,
publié & regiftré, les Audiences tenant ; Enjoint aux Subfti-
tuts dudit Procureur General aufdits Sieges d'y tenir la main,
& de certifier ladite Cour au mois, de leurs diligences. A
Paris, les Chambres affemblées, le 21. jour d'Aouft 1681.
Signé, D U P U Y.

ETAT ET TARIF

DES DROITS QUE LE ROY EN SON CONSEIL

Veut & Ordonne être levés sur le Poisson de mer frais,
sec, salé, tant à l'abord dans les Ports & Havres,
que lors du transport, & consommation dans les
lieux où il est consommé.

Droits d'abord sur le Poisson salé.

POur chacun baril de harang blanc, vingt
sols six deniers, cy   **xx. s. vj d.**

Pour chacun baril de harang sor, vingt sols
sixdeniers, cy   **xx. s. vj d.**

Pour chacun baril de maquereaux, vingt-sept
sols, cy   **xxvij. s.**

Pour chacun hambourg de Saumon, quarante
sols, cy   **xl. s.**

Pour chacun cent, compte de Marchand, de
moluës vertes en pile, trois livres sept sols
trois deniers, cy   **iij. l. vij. s. iij d.**

Pour millier d'adots & seiches, trente-trois sols
six deniers, cy   **xxxiij. s. vj d.**

Pour cent pesant d'anchois, sardines, melettes,
marsoin, baleine, ton, tonine & autre poisson
de mer dont n'est cy fait mention, vingt sols,
cy   **xx. s.**

Droits d'abord ſur le Poiſſon frais.

Pour chacun mannequin ou panier de poiſſon
frais , treize ſols cinq deniers, cy　　　　xiij. ſ. v. d.
Pour chacun panier d'huiſtres à l'écaille ,
dix ſols neuf deniers , cy　　　　　　　　x. ſ. ix. d.
Pour chacun millier d'huiſtres , vingt-ſix
ſols onze deniers , cy　　　　　　　　xxvj. ſ. xj. d.
Pour chacune piece de Saumon frais , ou
autre poiſſon , qui n'eſt ordinairement
contenu en panier , treize ſols cinq deniers , cy　　　　　　　　　　　　　xiij. ſ. v. d.

Droits de conſommation ſur le Poiſſon ſalé.

Pour chacun baril de Harang blanc , vingt-
ſept ſols , cy　　　　　　　　　　　　xxvij. ſ.
Pour chacun baril de Harang ſor , vingt-
ſept ſols , cy　　　　　　　　　　　　xxvij. ſ.
Pour chacun baril de Maquereaux , trente-
trois ſols ſept deniers , cy　　　　　xxxiij. ſ. vij. d.
Pour chacun cent , compte de Marchand de
merluë , ou moluë ſeiche , vingt ſols, cy　　xx. ſ.
Pour chacun cent , compte de Marchand ,
de moluë verte en pile , quatre livres
huit deniers , cy　　　　　　　　　　iv. l. viij. d.
Pour chacun hambourg de Saumon , trois
livres ſept ſols trois deniers , cy　　iij. l. vij. ſ. iij. d.
Pour chacun millier d'Adots & Seiches ,
trente-trois ſols ſix deniers , cy　　xxxiij. ſ. vj. d.
Pour chacun cent peſant d'Anchois , Sardines, Melettes, Marſoin, Baleine , Ton,

Tonnine, & autre poiſſon de mer ſec &
ſalé, dont n'eſt cy fait mention , vingt-
ſept ſols, cy   xxvij. ſ.
Pour chacun baril de moluë venant d'Hollande,
    tant pour le droit d'abord, que de conſom-
    mation, vingt ſols, cy   xx. ſ.

     Droits de conſommation ſur le Poiſſon frais.

Pour chacun mannequin , ou panier de poiſ-
    ſon frais, treize ſols cinq deniers, cy   xiij. ſ. v. d.
Pour chacun panier d'huiſtres à l'écaille, dix
    ſols neuf deniers, cy   x. ſ. ix. d.
Pour chacun millier d'huiſtres , une livre
    ſix ſols onze deniers, cy   j. l. vj. ſ. xj. d.
Pour chacune piece de Saumon frais, ou au-
    tre poiſſon , qui n'eſt ordinairement con-
    tenu en paniers , treize ſols cinq deniers, xiij. ſ. v. d.

    Fait & arrêté au Conſeil Royal des Finances, tenu à
Verſailles le vingt-deuxiéme Juillet mil ſix cens quatre-
vingt-un. Signé, RANCHIN.

Regiſtré en la Cour des Aydes, ce requerant le Procureur
General du Roy, pour être executé ſelon ſa forme & teneur,
& ordonné que copies collationnées en ſeront envoyées à la di-
ligence dudit Procureur General du Roy, ès Sieges des Elec-
tions & Juges des Traites du reſſort de ladite Cour, pour y
être lû, publié & regiſtré, les Audiences tenant : Enjoint aux
Subſtituts dudit Procureur General auſdits Sieges d'y tenir la
main, & de certifier ladite Cour au mois, de leurs diligen-
ces. A Paris, les Chambres aſſemblées, le vingt-un Aouſt mil
ſix cens quatre-vingt-un. Signé, DU PUY.

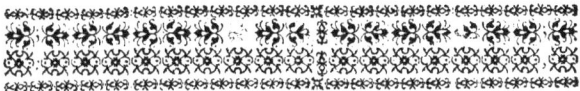

TABLE

DE CE QUI EST CONTENU
en cette presente Ordonnance.

Fin de la Table.

www.ingramcontent.com/pod-product-compliance
Lightning Source LLC
Chambersburg PA
CBHW070905210326
41521CB00010B/2061